DESTINO: EL ESPACIO

MISIÓN: SISTEMA SOLAR

Índice

Un hogar en la galaxia de la Vía Láctea

La **galaxia** de la Vía Láctea está formada por gas, polvo y miles de millones de estrellas y sistemas solares.

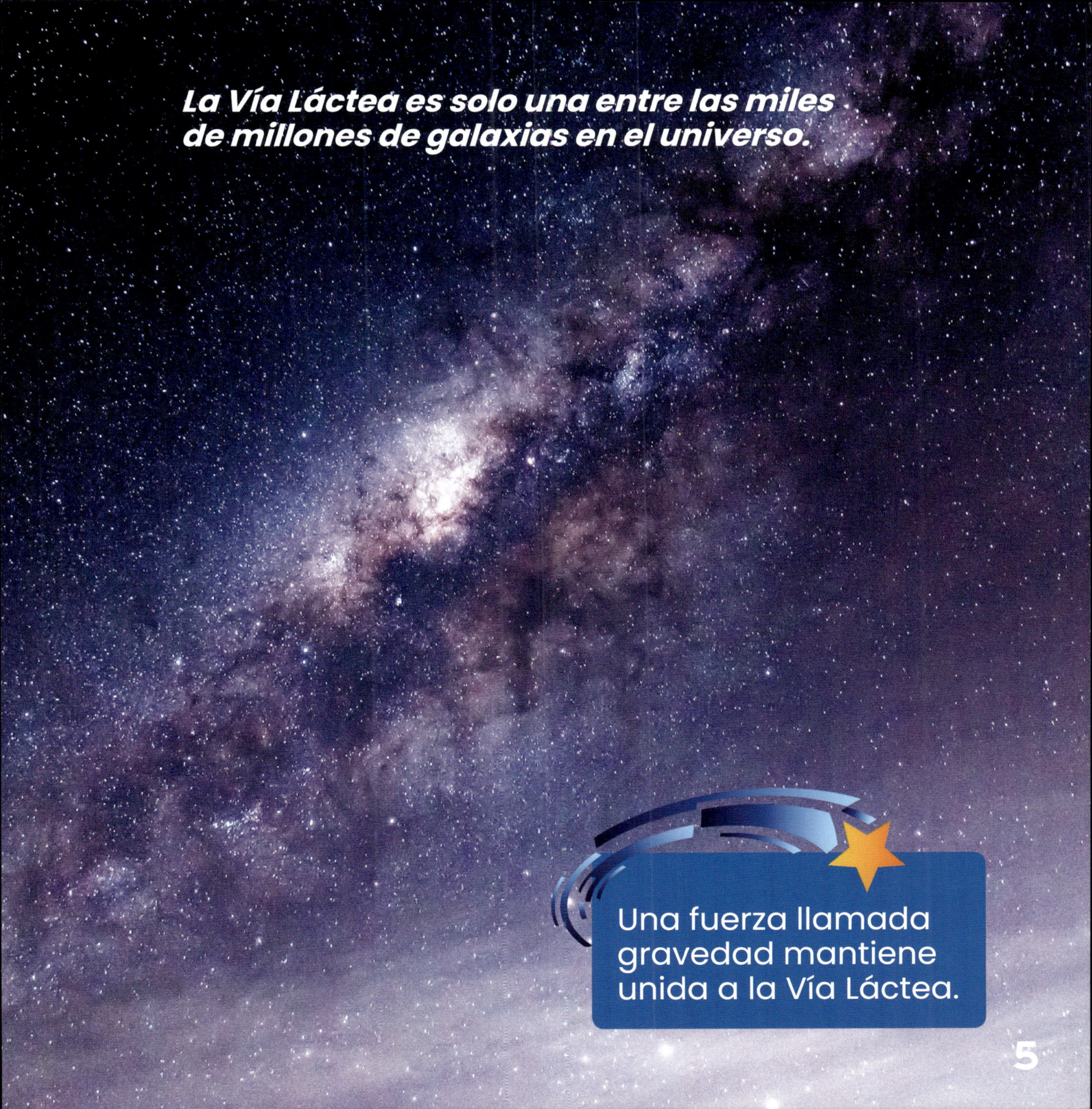

La Vía Láctea es solo una entre las miles de millones de galaxias en el universo.

Una fuerza llamada gravedad mantiene unida a la Vía Láctea.

Sol
Venus
Mercurio
Saturno
Tierra
Marte
Urano
Júpiter
Neptuno

Nuestro **sistema solar** está en la Vía Láctea. En el centro de nuestro sistema solar hay una estrella que llamamos Sol.

Sol
Tierra

El Sol

El Sol está formado por gases ardientes.

Necesitamos el Sol para obtener calor y luz.

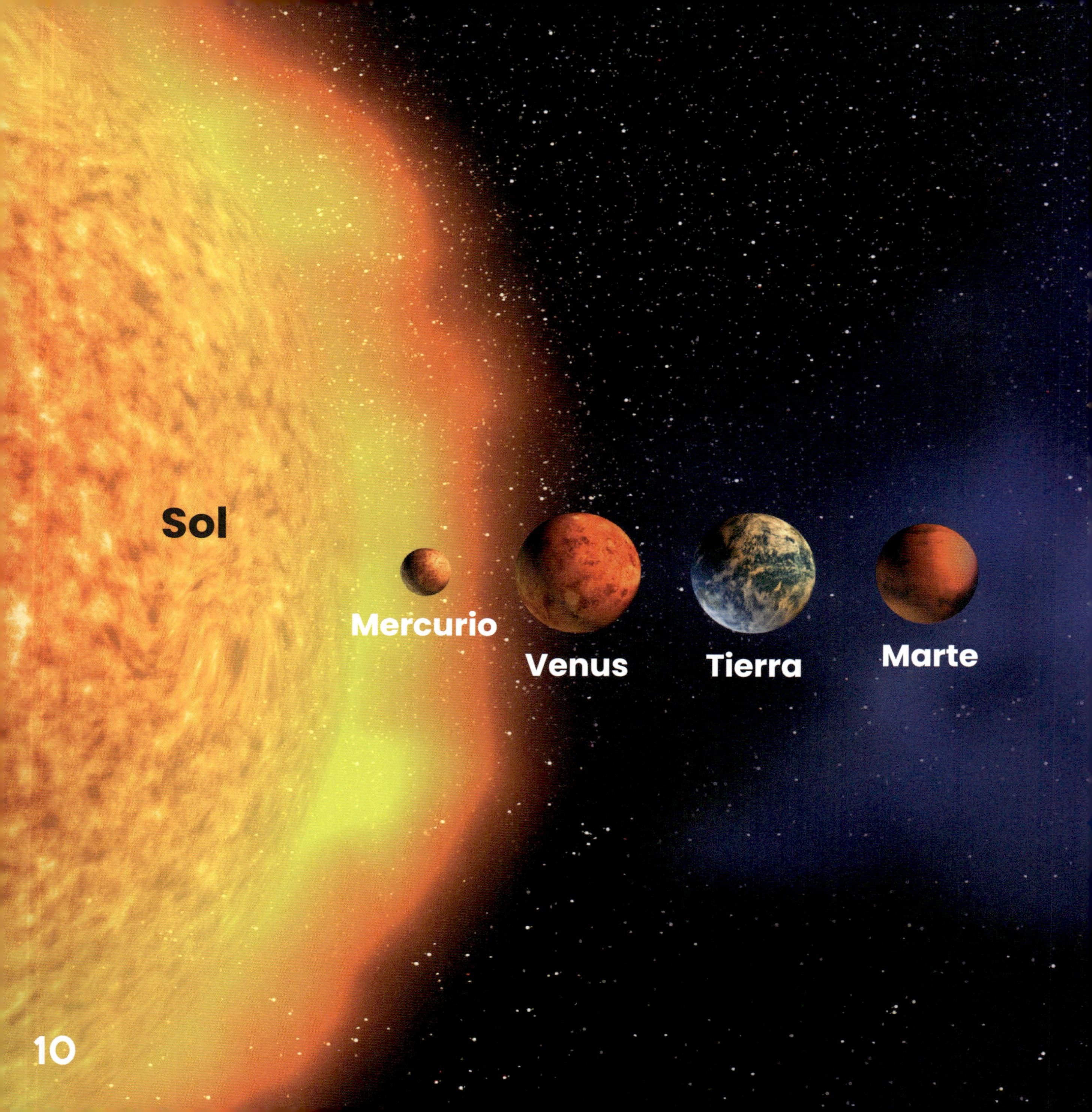
Sol
Mercurio
Venus
Tierra
Marte

La gravedad del Sol mantiene a los planetas de nuestro sistema solar en sus **órbitas**.

Hay ocho planetas en nuestro sistema solar.

Los cuatro planetas más cercanos al Sol son planetas rocosos. Sus superficies sólidas y rocosas pueden soportar el calor del Sol.

Como todos los planetas rocosos, Mercurio tiene una capa exterior rocosa y un **núcleo** metálico.

Mercurio es el planeta más pequeño de nuestro sistema solar.

Venus tiene aproximadamente el mismo tamaño que la Tierra. Al igual que Mercurio, Venus no tiene luna.

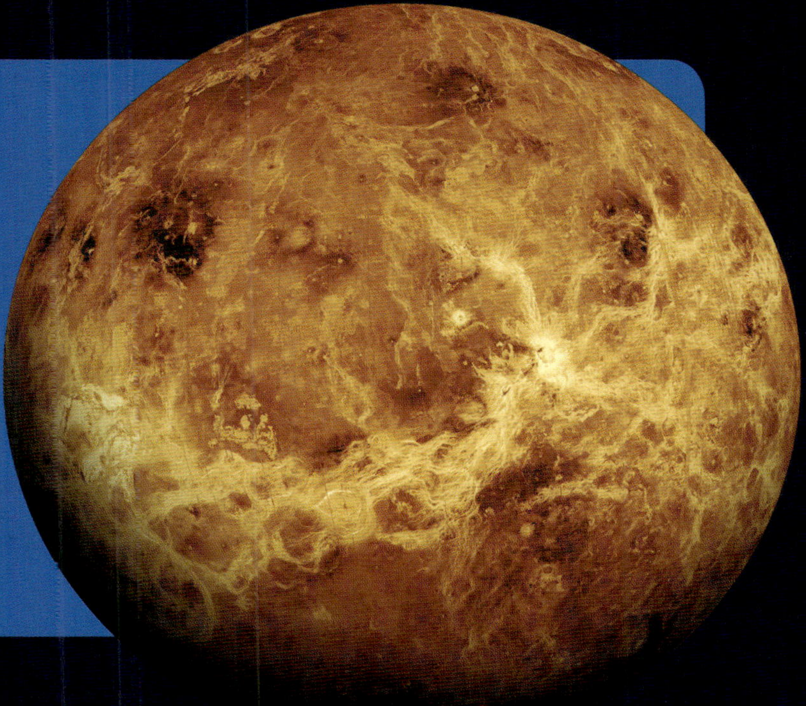

Venus es el planeta más caliente de nuestro sistema solar.

La Tierra es el tercer planeta desde el Sol. Casi tres cuartas partes de la Tierra están cubiertas de agua.

La Tierra tiene una luna.

La Tierra tarda 365 días, o un año, en dar una vuelta al Sol.

Marte es el cuarto planeta rocoso. Su aspecto es rojo porque está cubierto de polvo de hierro oxidado. Marte tiene dos lunas.

La NASA envía vehículos robóticos a Marte para tomar fotos y recoger información.

Los dos siguientes planetas, Júpiter y Saturno, están formados principalmente por gases. A estos dos planetas los llamamos gigantes gaseosos.

Júpiter es el planeta más grande de nuestro sistema solar. Júpiter tiene 79 lunas conocidas.

La Gran Mancha Roja de Júpiter es una tormenta gigante del doble del tamaño de la Tierra.

Es fácil recordar a Saturno por sus anillos. Saturno tiene 53 lunas. Es posible que tenga 29 más, de las que los científicos aún están aprendiendo.

Los anillos de Saturno están hechos de hielo y rocas.

Urano y Neptuno también están formados principalmente por gases. Como la mayoría de sus gases está congelada, llamamos a estos dos planetas gigantes de hielo.

Urano también tiene anillos, pero son más difíciles de ver que los de Saturno. Urano tiene 27 lunas conocidas.

Urano gira sobre su lado.

Neptuno es el planeta más ventoso de nuestro sistema solar. Tiene 14 lunas conocidas.

Neptuno tarda unos 165 años terrestres en dar una vuelta al Sol.

Planetas enanos

Los planetas enanos son demasiado pequeños para ser verdaderos planetas. Además, comparten sus órbitas con otros objetos espaciales. Los verdaderos planetas no comparten sus órbitas.

Ceres es el planeta enano más cercano a la Tierra. Los científicos lo descubrieron en el **cinturón de asteroides**.

Estos son los cinco planetas enanos con nombre. Los científicos creen que encontraremos muchos más.

Más allá de Neptuno

Justo después de Neptuno se encuentra el **cinturón de Kuiper**, un anillo de rocas heladas, cometas y otros objetos espaciales. Más allá del cinturón de Kuiper, los científicos creen que hay una nube gigante de objetos helados.

Glosario

cinturón de asteroides: Un anillo de millones de rocas entre las órbitas de Marte y Júpiter.

cinturón de Kuiper: Anillo de rocas heladas y objetos espaciales fuera de la órbita de Neptuno.

galaxia: Gas, polvo, miles de millones de estrellas y sus sistemas solares unidos por la gravedad.

núcleo: El centro o la capa más interna.

órbitas: Caminos invisibles que recorren los planetas.

sistema solar: Una estrella y todos los planetas y objetos espaciales que la orbitan.

Índice analítico

Apoyo escolar para cuidadores y profesores

Este libro ayuda a los niños a crecer permitiéndoles practicar la lectura. A continuación se presentan algunas preguntas orientativas para ayudar al lector a desarrollar su capacidad de comprensión. Las posibles respuestas que aparecen aquí están en color rojo.

Antes de leer

- **¿De qué creo que trata este libro?** Creo que este libro trata del sistema solar que incluye la Tierra. Creo que este libro trata de todos los planetas que hay en nuestro sistema solar.
- **¿Qué quiero aprender sobre este tema?** Quiero saber cuál es el planeta más cercano al Sol y cuál es el más lejano.

Durante la lectura

- **Me pregunto por qué...** Me pregunto por qué los cuatro planetas más cercanos al Sol se llaman planetas rocosos. Me pregunto por qué la Tierra está cubierta de mucha agua.
- **¿Qué he aprendido hasta ahora?** He aprendido que Marte es el cuarto planeta desde el Sol. He aprendido que Marte tiene dos lunas.

Después de leer

- **¿Qué detalles he aprendido sobre este tema?** He aprendido que Júpiter y Saturno son los dos planetas que están hechos principalmente de gases. He aprendido que Júpiter es el planeta más grande de nuestro sistema solar.
- **¿Qué detalles he aprendido sobre este tema?** Veo la palabra *galaxia* en la página 4 y las palabras *sistema solar* en la página 7. Las otras palabras del glosario se encuentran en la página 23.

Library and Archives Canada Cataloguing in Publication

Available at the Library and Archives Canada

Library of Congress Cataloging-in-Publication Data

Available at the Library of Congress

Crabtree Publishing Company

www.crabtreebooks.com 1–800–387–7650

Print book version produced jointly with Blue Door Education in 2022

Written by: Francis Spencer

Translation to Spanish: Santiago Ochoa

Spanish-language Copyediting and Proofreading: Base Tres

Print coordinator: Katherine Berti

Photo Credits: Cover ©bobboz, Estrella graphic on most pages ©Gleb Guralnyk; page 2-3 © Vadim Sadovski, page 5 ©Chanwit Ohm, page 6 © Christos Georghiou, pages 8-9 © bobboz, pages 10-11 and as an inset on pages 13, 15, 17, 19 ©Orla, page 12 ©otted Yeti, page 14 (Tierra) ©Koyso Studio, (Luna) ©Aphelleon, page 15 (Marte) ©Nerthuz, (Rover) ©Triff, page 16 © Dotted Yeti, page 17 © JuliRose, page 18 ©Vadim Sadovski, page 22 ©shooarts All images from Shutterstock.com except: page 13 (Venus), 19 and 21 courtesy of NASA

Published in the United States
Crabtree Publishing
347 Fifth Ave.
Suite 1402-145
New York, NY 10016

Published in Canada
Crabtree Publishing
616 Welland Ave.
St. Catharines, Ontario
L2M 5V6

Printed in the U.S.A./062022/CG20220124